Wasser – Watt – und Hallig
Ein poetischer Blickwinkel

Öffne dein Herz –
und deine Welt
wird schön.

Erich Meyer

ERICH MEYER

Wasser – Watt – und Hallig

Ein poetischer Blickwinkel

IMPRESSUM

Copyright © 2022 Erich Meyer
Hamburg
Alle Rechte vorbehalten
Bildnachweis:
Umschlag: Birgit Kuntz, Hamburg
S. 37 Aus: Gesammelte Gedichte von Stine Andresen,
herausgegeben von K. Schrattenthal, Bielefeld 1896
Umschlaggestaltung und Satz:
P.W. Strux, Hamburg
Herstellung und Verlag:
BoD – Books on Demand, Norderstedt
ISBN: 978-3-7562-9957-7

Buchtitel:
Wasser – Watt – und Hallig
Ein poetischer Blickwinkel

INHALT

dass ein Frieden wachse,
der alle Welt
umschließt

Erich Meyer

WASSER – WATT – und HALLIG

Von Impressionen geleitete Bilder weisen sich – in Worte gefasst –
in den nachstehenden dreizeiligen Kurzgedichten.
Augenblicke von (Er-)Leben tun sich auf. Eine beobachtbare Welt
präsentiert sich Leserinnen und Lesern.
Ihnen begegnet eine spürsame Welt – die Welt von Wasser,
Watt und Hallig, die ausgedrückt werden will.

>Seht und schaut, hört und lauscht – spüret in die Welt<

Die dargebrachten Gedichte sind abgefasst in der aus dem
Japanischen kommenden Gedichtform des Haiku, die dem
Augenblick verbunden ist und sich in diesem Buch nachfolgend
über ihre Verse als Spiegelbild der Natur
auch der Welt des Meditativen anzuempfehlen vermag.

Werte Leserinnen und Leser!
Gewahren Sie eine besondere Welt, deren Beschreibung ich
schließlich in einem kurzen Abschnitt zum Nachklingen bringe, ehe
ich eine Beischrift zur Dichterin Stine Andresen und eine
Schlussvermerkung vorlege. Abschließend erfolgen Hinweise
zu Vita, Kontaktanschrift und Veröffentlichungen von mir.

Erich Meyer, *Autor*   Hamburg, im Dezember 2021

BILDER – IN WORTE GEFASST
von Impressionen geleitet

Traumberührt
der Hallig eig'ne Welt –
Stille – Meeresrauschen

HALLIGHAUS

hinaus – zu schauen
aufbricht die morgensonne –
trautes hallighaus

BRISE

des morgens helle
aufweht die frische brise –
das salz der lüfte

RINGELGÄNSE

rott – rott – rott
rufen zu der hallig ufer –
ringelgänse

QUELLER

verebbt – die wasser
sonne hell die sande streicht –
die grünen queller

WATTENMEER

des mittags stunde
weiße wolken ziehen leis' –
übers wattenmeer

SEGEL

weit der himmel
übers meer die stille weht –
die weißen segel

TAGGESTIRN

anlegt – das schiff
kinder rufen auf dem platz –
hell das taggestirn

MÖWEN

blauer sommertag
im garten blüh'n die blumen –
nah' der möwen ruf

WARFT

träumen auf der warft
die winde leise wehen –
der blaue himmel

WELLEN

gold'ner sonnenschein
sanft die wellen rauschen –
friedsam – nah' die welt

ABENDSCHEIN

still die winde geh'n
die warft im abendschein –
sich erfüllt der tag

TANZ

im nachtgeworf'nen licht
das wasser blau und grünes spiel –
tanz im wattenmeer

WOLKEN

ausklingt – des sommers zeit
mit dem wind die wolken zieh'n –
die hallig im meer

HERBSTESTAG

der sonne lichter schein
weilsam – sein samt'ner klang –
beseelt der herbstestag

RAUSCHEN

regenschwer der tag
die herbstestöne schallen –
des meeres rauschen

SONNENROT

zu dem horizont
leis' versinkt – das sonnenrot –
abend am meer

FLUT

sturmbewegt die nacht
lichter blitzen übers haus –
ankehrt die flut

LANDUNTER

die wasser tosen
landunter auf der hallig –
dunkel scheint die nacht

NOVEMBERNACHT

die novembernacht
schwer auf grauer fenne liegt –
mondensplitter

WINTERTAG

kalt der wintertag
fernab der hallig schatten –
nah' die möwen zieh'n

MEER

wiederkehrend
leuchtend-hell – die mondin –
das goldene meer

STILLE

auf die nächt'ge hallig
leise sich das mondlicht legt –
weit – der klang der stille

NACHKLANG

Die Präsentation der im vorstehenden Kapitel
niedergelegten Verse möchte ich nachstehend über
ausgewählte Zitate nachklingen lassen.

Erich Meyer

*„Der Weg des Glücks
ist der Weg der Stille."* (1)

*„Suche den Frieden
im Verborgenen."* (2)

*„Gehe in die Nacht –
und du hörst
den Klang der Stille
und du schaust
die Farben – der Einsamkeit."* (3)

*„Die Wasser rauschen zu dem Strand
weiße Wellensäume
Möwen fliegen über Sonnenschatten
das Salz der Lüfte."* (4)

„Blau entgrenzte Welt
Sonnenträume." (5)

„Dem Einflusse des Meers und der Luft
widerstrebt der finstere Sinn umsonst." (6)

„Die Menschen leben hier im Einklang
mit der Natur", Pastor Michael Krämer,
Pfarrstelle Hallig Langeneß. (7)

Katja Just, Halligbewohnerin, geboren in München, Bürgermeisterin der Hallig Hooge, über ihren gefundenen Wohn- und Lebensort:

„Es ist nicht nur die Einzigartigkeit, die die Halligen mitbringen. Es ist nicht nur das, was die Hallig mit einem macht. Eher ist es das, was mit einem selbst passiert, wenn man hier lebt. Wer das erfährt und mit allen Sinnen wahrnimmt, ist reich beschenkt." (8)

ZITATE:
(1-5) Erich Meyer – (1) Unveröffentl. Affirmation (2) Aus: Affirmationen,
Norderstedt 2021, S. 18 (3) Aus: Affirmationen, Norderstedt 2021, S. 24
(4) Aus: erden-augenblicke, Norderstedt 2018, S. 15 (5) Aus: Lyrik in den
Jahreszeiten – Gedichte, Norderstedt 2018, S. 43 (6) Aus: Paul Stapf (Hg.),
Friedrich Hölderlin – SÄMTLICHE WERKE, Erster Band – Zweites Buch,
Berlin und Darmstadt 1960, S. 461 (7) Aus: Geneviève Wood, Qigong für
Hallig-Besucher, Hamburger Abendblatt, Ausgabe vom 18.09.19, S. 18
(8) Aus: Katja Just, Frische Brise auf dem Sommerdeich, Eden Books.
Ein Verlag der Edel Verlagsgruppe 2019, S. 236

BEISCHRIFT

An dieser Stelle poentiere ich die auf der Insel Föhr geborene
Dichterin *Stine Andresen (1849 -1927)*, die
Gedichte in hochdeutscher und nordfriesischer Sprache
schrieb und deren Verse sich durch wirkungsvolle Wortwahl
und durch eine ebensolche Rhythmusgestaltung auszeichnen.

In Ansehung meines hier vorliegenden Buches „Wasser – Watt – und
Hallig – *Ein poetischer Blickwinkel*" stelle ich nachstehend das
mich berührende Gedicht „Hallig Hooge" von Stine Andresen vor.

(Quelle: *Gesammelte Gedichte von Stine Andresen,*
herausgegeben von K. Schrattenthal, Bielefeld 1896,
hier S. 3-4. Nachfolgende Zitate zum Gedicht
„Hallig Hooge" aus diesem Buch)

Stine Andresen fühlte sich der Hallig Hooge sehr verbunden,
auf der ihre Mutter geboren wurde.

*„Es ist das Land, wo einst vor vielen Jahren
Die Wiege meiner teuren Mutter stand;"*

(Strophe 2, Verse 3 und 4, S. 3)

Weiter sagt die Poetin:

„Mich zieht's oft mächtig nach dem kleinen Lande,
Und Frieden suchend bin ich hingeeilt.
Es knüpfen der Erinnrung heil'ge Bande
Mein Herz daran, und gern hab' ich verweilt."

(Strophe 5, S. 3)

Liebe und Sehnsucht werden deutlich, die die
Dichterin mit Meer und Strand verbindet, dabei
ein Gefühl von Melancholie in ihre Worte hineinwebt.

„Heut' stand ich wieder dort am Strand und schaute
Hinaus aufs Meer und lauschte seinem Klang,
Das, unterbrochen auch von keinem Laute,
Mir seine schwermutsvollen Weisen sang."

(Strophe 6, S. 4)

Aus ihrer Liebe heraus zur Hallig erwächst die Sorge
der Poetin, dass dieser Erdenteil vielleicht einmal
dem Untergang durch das tobende Meer geweiht sein mag.
Denn sie weiß um die Zeit, die schließlich alles richtet.

„Denn unaufhaltsam regt die mächt'gen Flügel
Die große Weltenwandlerin, die Zeit!"

(Strophe 9, Verse 3 und 4, S. 4
Schlussstrophe des Gedichtes „Hallig Hooge")

Mit der Gesamtpräsentation des Gedichtes „Hallig Hooge"
und einer kurzen Skizze zur Lebensgeschichte der Poetin
leite ich zum weiteren Teil meines vorliegenden
Buches über:

HALLIG HOOGE – von Stine Andresen

Dem Weltmarkt fern und seinem bunten Leben
Liegt, im Gewande unscheinbar und schlicht,
Ein Land der Meereswelle preisgegeben,
Die schäumend sich an seinen Ufern bricht.

Treu werd' ich meine Liebe stets bewahren
Dem kleinen, meerumrauschten Inselland:
Es ist das Land, wo einst vor vielen Jahren
Die Wiege meiner teuren Mutter stand;

Wo ihr des Lebens schönster Frühlingsmorgen
Gelacht, wo Elternliebe sie umfing,
Und wo in Särgen sie ihr Glück geborgen,
Als heimatlos sie in die Fremde ging.

Scheint auch ein Fleckchen Erde so verlassen,
So klein und unbedeutend unserm Blick,
Es kann das tiefste Menschenelend fassen
Und tragen kann's das höchste Menschenglück.

Mich zieht's oft mächtig nach dem kleinen Lande,
Und Frieden suchend bin ich hingeeilt.
Es knüpfen der Erinnrung heil'ge Bande
Mein Herz daran, und gern hab' ich verweilt.

Heut' stand ich wieder dort am Strand und schaute
Hinaus aufs Meer und lauschte seinem Klang,
Das, unterbrochen auch von keinem Laute,
Mir seine schwermutsvollen Weisen sang.

Da sah ich – mich beschlichen bange Schauer –
Um mich nur Bilder der Vergänglichkeit.
Das Ländchen, ach! – ich denke dran mit Trauer,
Daß schutzlos es dem Untergang geweiht.

Sein Ufer ist zerklüftet und zerrissen,
Die Welle rollt ins Land mit gier'ger Lust,
Als sehne sich das Meer, es zu umschließen
Und wild hinab zu ziehn an seine Brust.

Wie lange noch? – Wer löst der Zukunft Siegel
Dem Fragenden, daß sie ihm Antwort beut!
Denn unaufhaltsam regt die mächt'gen Flügel
Die große Weltenwandlerin, die Zeit!

Gesammelte Gedichte von Stine Andresen,
herausgegeben von K. Schrattenthal, Bielefeld 1896

Die **Lebensgeschichte** der **Stine Andresen** widerspiegelt
eindrucksvoll der Autor *Jakob Tholund* in seinem Buch:
*„Vom Schatz der Lieder – Stine Andresen, eine Dichterin
von Föhr"*, erschienen 1991 in Husum (Druck- und Verlagsges.).
Hrsg.: Stiftung Nordfriesland u. Museumsverein der Insel Föhr e.V.

Die Biografie der Dichterin weist manche Schicksalsschläge
auf, von denen der Tod ihrer Mutter sie tief und nachhaltig
traf, da die spätere Poetin erst 16 Jahre alt war. Noch später
erinnert Stine Andresen berührt und in liebevoller Dankbarkeit
an die Worte ihrer scheidenden Mutter in ihrem Gedicht
„Mein Talisman", die da waren – an ihre Lieben gerichtet:

„O, habt euch immer, immer lieb!"

(Zitat: Aus dem zuvor genannten Buch von *Jakob Tholund*, S. 12
und aus: *Gesammelte Gedichte von Stine Andresen*, siehe Seite 47
in diesem bereits vorstehend auf Seite 33 und 37 erwähnten Buch)

Sohin kann als Leitwort für das (dichterische) Leben
der Stine Andresen die *Liebe* gelten ...
und als entströmte sie lichterfüllt der Seele der Poetin
– möchte ich, die Beischrift abschließend, den Schlussvers aus
der Poetin Gedicht „Einem Kinde" festhalten (Aus: *Neue Gedichte*

von Stine Andresen – Mit dem Bilde der Dichterin,
Buchhandlung der Anstalt Bethel bei Bielefeld 1903,
S. 90), in welchem sie sagt:

„Denn nur die Liebe ist das ew'ge Licht.“

VERMERKUNG

Mit meiner Präsentierung des von *Stine Andresen*
geschriebenen Gedichtes „Hallig Hooge“ im
vorhergehenden Buchabschnitt wird gelebte Geschichte
von einer besonderen Frau aufgezeigt –
von einer sensiblen Dichterin, die mit ihren Worten
Wasser, Strand und Hallig beschreibt, sich einfühlend
in eine Welt, in der Natur, Menschsein und
Schicksalshaftigkeit einander begegnen.

Auch in den Tagen unserer Gegenwart
bleibt die besondere Welt der Halligen im Meer
etwas Faszinierendes, wenn der Mensch bereit ist,
sich dieser mit seinen Gefühlen zu öffnen.

Ich legte vorn Kurzgedichte als dreizeilige Haiku vor,

die natürlich von der Versgestaltung der Stine Andresen abweichen. Systemische und historische Bedingtheiten stellen mithin selbstredend unterschiedliche Aussageformen dar, dennoch besitzen meine Verse und die der Stine Andresen eine gemeinsame Klammer, die zwar Verse unterschiedlicher Ausprägung enthält, gleichwohl das Leben auf und mit der Hallig gemeinsam zum Inhalt hat, es wahrnimmt und über die Gestaltung von Versen näher aufgreift.

Ich halte dieses Vorgehen für eine Möglichkeit, Blicke auf das Sujet „Wasser – Watt – und Hallig" bei unterschiedlichen Versgestaltungen zu einem ganzen Bild zusammenzufügen, womit ich die genannte gemeinsame Klammer der unterschiedlichen Aussagen beschrieb.

Der anfangs meines Buches getane Ausspruch *„dass ein Frieden wachse, der alle Welt umschließt"* (Aus: Erich Meyer, *die welt in vielen farben*, Norderstedt 2017, S.19) als das meine Ausführungen ummantelnde Leitmotiv möge an dieser Stelle im Lichte der Liebe geschaut sein – im Lichte der den Frieden nährenden Liebe, unter der sich das Wahre versammeln mag.

Wenn ich in meinem Buch einen Ausschnitt der Welt präsentiere, einen kreatürlichen Lebensraum – über das Mittel literarisch-poetischer Gestaltung – , so halte ich mit Berührtheit fest, dass sich *Frieden* allein erfüllt im Spiegel der *Liebe*, der Liebe zu allem, das wunderbar und wertvoll ist. So vermag sich der Frieden in aller Welt zu erschaffen und zu erhalten. Allein so kann die Welt bestehen.

Dass ein Frieden wachse, der alle Welt umschließt. –
Frieden – sich allein erfüllt
im Spiegel der Liebe, der Liebe zu allem,
das wunderbar und wertvoll ist.
So vermag sich der Frieden in aller Welt
zu erschaffen und zu erhalten.
Allein so kann die Welt bestehen.

Zu dieser Wahrnehmung möchte ich das von *Katja Just* geschriebene und zuvor auf Seite 32 genannte Buch *Frische Brise auf dem Sommerdeich* heranziehen, aus dem sich für mich mit dem Lesen eine besondere Friedsamkeit erschließt, wobei die Autorin ihre Darlegungen am Schluss des Buches mit dem Wort ausklingen lässt, die Bibel zitierend (1. Korinther 13:13), dass die Liebe das Größte sei – dabei auf die Hallig schauend, auf ihren Wohn- und Lebensort, der ihre Liebe gehört.

Mich zuvor den Momenten des Friedens und der Liebe
zugewandt habend, nun mein Schlusspunkt zum Abschnitt
„Vermerkung":
Ich habe im Rahmen meiner Textgestaltung von der Einfügung
von See- und Halligbildern abgesehen, denn die Worte
– sowohl in meinen Kurzgedichten als auch in den Versen der
Stine Andresen, wie auch in anderen Aussagen – sollen für sich
sprechen, den Leserinnen und Lesern meines Buches Raum
und Freiheit bieten für eine eigene Bildfindung, so, wie auch das Meer
den Blick für die Wahrnehmung seiner Weite freizugeben vermag.

<<>>

DAS KIND VOM MEER

Mein Kind
Die Sonne – sie nun schlafen geht
Der Mond sich auf die Wasser legt
– Und draußen
Leise – weht der Wind.

Mein Kind
Schlafe wohl zur Nacht
Der Tag viel Freude dir gebracht
– Und draußen
Leis' – der Wellen Spiel erklingt.

Erich Meyer

VITA

Erich Meyer

*1946 in Hamburg
Studium
Erziehungswissenschaften
Sonderpädagogik
Oberstudienrat an Sonderschulen i.R.
Schreibt vorwiegend Lyrik

KONTAKT
Mail: erich.2005@freenet.de

Weitere

VERÖFFENTLICHUNGEN

des Autors

Affirmationen – Kleine Sammlung
Zweite, veränderte Auflage
Norderstedt 2021

Aus der Welt der Tiere
Heitere und ernste Verse
Norderstedt 2019

die welt in vielen farben
Verse des Schauens
Norderstedt 2016

EINSTIMMUNGEN
Verse zum Weg ins Absichtslose
G e d i c h t e
Norderstedt 2021

erden-augenblicke
Norderstedt 2016

Gedichte, in: Bader, Wolfgang (Hg.)
nebel streif zug der Literatur 2017
Herbst-Anthologie, S. 180-182
Neckenmarkt 2017

Haiku
Norderstedt 2016

Haiku, in: Deutsche Haiku-Gesellschaft
30 Jahre DHG, Anthologie 2018, S. 101
Norderstedt 2018

Haiku, in: SOMMERGRAS
Vierteljahresschrift der
Deutschen Haiku-Gesellschaft e.V.
September 2018 – Nummer 122, S. 44
Norderstedt
In demselben Periodikum:
Dezember 2018 – Nummer 123, S. 54
März 2019 – Nummer 124, S. 44
Juni 2019 – Nummer 125, S. 42
September 2019 – Nummer 126, S. 59
Dezember 2019 – Nummer 127, S. 70
März 2020 – Nummer 128, S. 46
Juni 2020 – Nummer 129, S. 78
September 2020 – Nummer 130, S. 52
Dezember 2020 – Nummer 131, S. 57
März 2021 – Nummer 132, S. 82

Lyrik in den Jahreszeiten
Zweite, veränderte Auflage
Norderstedt 2018

OGENBLICKS
44 plattdeutsche Gedichte
Zweite, veränderte Auflage
Norderstedt 2016

spüren – *lyrische Verse*
Norderstedt 2005

Tanka
Norderstedt 2016

< <> >

*Die im vorliegenden Buch genannten Quellenangaben
und deren Berücksichtigungen entsprechen gegebenen Sorgfältigkeiten.*
Erich Meyer, *Autor*

Zum vorliegenden Buch

Wasser – Watt – und Hallig
Ein poetischer Blickwinkel

Das von mir geschriebene Buch ist als gedrucktes Buch im
Buchhandel erhältlich – auch beim BoD-Buchshop.
ISBN 978-3-7562-9957-7
Es liegt auch als E-Book vor.

Erich Meyer, *Autor*

Taschenbuch/PB 48 Seiten
Erschienen bei Books on Demand (BoD), Norderstedt 2022
Buchpreis: Euro 11,99 – E-Book: Euro 6,99